LES DERNIERS MOINES

DE

L'ABBAYE DE JUMIÉGES

LES DERNIERS MOINES

DE

L'ABBAYE DE JUMIÉGES

PAR ÉMILE SAVALLE

ROUEN

IMPRIMERIE DE D. BRIÈRE ET FILS

RUE SAINT-LO, N° 7

1867

En publiant cet opuscule, nous avons eu plusieurs motifs, que voici :

Donner des renseignements exacts et inconnus jusqu'à présent sur les mœurs intérieures des derniers Bénédictins de Jumiéges, qu'il a été longtemps de mode de taxer, sans plus ample informé, de dureté, d'ignorance et de dissolution; faire connaître leurs noms, ignorés à l'exception de deux ou trois, et les particularités biographiques inédites que nous avons recueillies sur eux, pendant et après la Révolution; raconter les événements qui ont eu pour théâtre soit l'Abbaye, soit l'Église paroissiale, soit la place publique de Jumiéges, à cette mémorable époque, si calomniée aussi parce qu'elle est mal connue; enfin, attribuer la responsabilité de la

destruction du monastère aux particuliers qui en ont été les véritables auteurs, en justifiant ceux que l'on a accusés à tort, et en montrant que la Révolution, pour avoir renversé l'institution, ne toucha pas aux personnes.

Notre tâche était fort délicate.

En effet, les registres de délibérations tenus alors par les municipalités ont été détruits quelques années plus tard par ordre supérieur, aussi bien à Jumiéges que dans la plupart des autres communes. La disparition de ces pièces eut pour but, en effaçant les noms de ceux qui ont pris une part active, directe, à l'établissement des nouvelles institutions, de mettre leurs personnes et leurs biens à l'abri des réactions politiques. — Cette absence complète de documents officiels est fort regrettable. Il nous a donc fallu recourir aux témoignages de quelques contemporains, parfaitement honorables, éclairés, impartiaux, et c'est, en quelque sorte, sous leur dictée, que nous avons pris la plume.

LES DERNIERS MOINES

DE L'ABBAYE DE JUMIÉGES

I.

On a dépeint les populations des campagnes comme exaspérées contre les seigneurs lorsqu'éclata la Révolution. La vérité, en ce qui concerne Jumiéges, est que MM. les Religieux n'avaient guère excité d'animosités, de rancunes, de haines, et qu'ils ont justifié jusqu'à la fin pour leur monastère le beau surnom d'Aumônier, qui lui a de tout temps été accordé (1).

Chacun sait qu'en 1789 une affreuse disette désola la France, et que de nombreuses bandes affamées parcoururent le pays de Caux, en commettant toute sorte de désordres (2).

Or, à Jumiéges, tous les matins, vers dix heures, la grande porte du monastère était ouverte à deux battants, et une centaine de pauvres gens en guenilles entraient dans le préau : là, avait lieu, sur l'herbe, en plein air, devant les bâtiments conventuels, en présence du prieur, une distribution de soupe dans des écuelles de bois ; puis, une autre distribution de linge et d'habits provenant du vestiaire de la maison, abondamment garni. Le dimanche, le

---

(1) Un dicton populaire qualifiait ainsi les principaux monastères du diocèse : « Saint-Ouen le Noble, Le Bec » le Riche, Jumiéges l'Aumônier, Saint-Wandrille le... » L'irrévérence est complète à l'égard de ce dernier.

(2) Le boisseau de blé valut cette année au marché de Duclair : le mardi 23 juin, 38 liv.; le 30, 40 liv,; le 6 juillet 26 liv. (*Registre de la paroisse d'Yainville.*)

prieur, suivant encore en cela la règle de la communauté, distribuait douze sols à chaque pauvre. Ce n'est pas tout : les malades de la paroisse étaient soignés à domicile ; le médecin de MM. les Religieux, nommé Bernard (un Méridional qui s'en retourna plus tard à Toulouse), allait leur porter gratuitement ses soins et des médicaments. — L'infirmerie était, comme de juste, réservée aux profès et aux frères lais, et, dans certains cas seulement, les premiers obtenaient dispense du prieur pour rester dans leurs cellules.

Pénétrons dans le cloître et jetons un coup-d'œil sur la vie intérieure des derniers moines de Jumiéges, quelque temps avant la dissolution de l'ordre de Saint-Benoît et de la Congrégation de Saint-Maur.

Au commencement de l'année 1789, après la mort de M. de Lorraine, l'Abbaye de Jumiéges fut donnée par le roi à un neveu du cardinal de Brienne. La manse abbatiale valait quelque quatre-vingt mille livres, c'est-à-dire les deux tiers des revenus généraux ; ce qui était, on le voit, un beau cadeau de cour de la part de Louis XVI au neveu de son premier ministre. Au moment de son installation, M. de Loménie (et non de Laumesnil, comme l'a écrit M. Deshayes, dans son histoire de l'Abbaye) avait de quinze à seize ans : il était simplement clerc tonsuré. La communauté, le clergé de la péninsule et la population, allèrent processionnellement au-devant de lui jusqu'à Duclair et le ramenèrent dans le même ordre à l'Abbaye, où eurent lieu, en présence de la foule, dans l'église Notre-Dame, les cérémonies d'usage. Il retourna de suite à Paris. Ce sont les seuls souvenirs qu'ait laissés le dernier des successeurs de saint Philbert. On a prétendu qu'il avait péri aux Carmes, lors des massacres de septembre 1792, avec les autres membres de sa famille. Les mémoires du temps que nous avons consultés, les listes d'incarcérés que nous avons parcourues, ne font aucune mention de lui. Cette assertion nous semble donc aussi erronée que celle qui fait de son oncle, le cardinal de Brienne, une victime des mêmes massacres, quand il est parfaitement avéré qu'il avait succombé quelques jours auparavant, à Sens, de sa mort naturelle. Quoi qu'il en soit du sort de M. de Loménie, son abbatiat a été si insignifiant, son passage à Jumiéges fut si court, que nous n'insisterons pas davantage sur ce personnage.

L'abbé claustral, le véritable directeur moral de la communauté, le prieur, Dom Bride, mérite beaucoup plus notre attention, parce qu'il a été mêlé aux événements qui signalèrent les commencements de la Révolution à Jumiéges. Il savait allier la simplicité et la modestie à la dignité du caractère ; c'était un Bénédictin dans toute l'acception du terme, d'une érudition très vaste, de mœurs irréprochables, ascétiques, et qui veilla jusqu'à la fin avec fermeté à la stricte observation de la règle.

La situation du monastère, au point de vue financier, était fort embarrassée, fort pénible. Par suite des empiètements et de la convoitise des abbés, MM. les Religieux ne disposaient que d'un tiers des revenus généraux (c'est-à-dire de quarante mille livres environ), et devaient faire face avec ces ressources aux aumônes ordonnées par la règle et à l'entretien de la communauté, des églises, des bâtiments conventuels et des fermes. Ils avaient été obligés, à plusieurs reprises, de contracter déjà des emprunts assez importants (1). Ils avaient vendu les plombs des couvertures des églises, qu'ils se trouvaient dans l'impossibilité de renouveler et même d'entretenir, à un entrepreneur qui ne les paya point et qu'ils contraignirent, mais un peu tard, à résilier le marché. — Dom Toussaint Outin, le bibliothécaire, avait énergiquement blâmé dans le principe cette mesure prise au chapitre par la communauté et approuvée ensuite par le conseil général de l'ordre ; il s'y était opposé de tout son pouvoir et, après son

---

(1) M. l'abbé Adam, curé de la paroisse, leur avait, dit-on, prêté 6,000 livres.

adoption, il avait eu la hardiesse de monter aux combles et de graver sur les plombs cette protestation : « Dom Outin n'y a pas consenti. »

En présence d'embarras d'argent aussi graves, Dom Bride demanda et obtint que le noviciat fût transféré au Bec. L'école de Jumiéges était célèbre : les Bénédictins qui en sont sortis au XVIIe siècle ont, par leurs travaux sur l'histoire, la littérature et les langues, concouru avec éclat à la réputation de la Congrégation de Saint-Maur. Plus de trente moines, qui ont illustré l'ordre à divers titres sous Louis XIV et sous Louis XV, avaient fait leur noviciat et prononcé leurs vœux dans ce monastère. — Dom Bride avait dirigé les études avec talent ; il ne resta plus à la tête que d'une quinzaine de Religieux, dont voici la liste :

M. de Loménie, abbé ;

Dom Bride, prieur ;

Dom Cadet, sous-prieur ;

Dom de Mésanges, grand-chantre ;

Dom de Saulty, cellerier ;

Dom de Montigny, procureur ;
Dom Outin, bibliothécaire;
Dom Painblan, dépositaire;
Dom Monthois;
Dom Bance ;
Dom Soullier;
Dom Courbet;
Dom Benoît ;
Dom Hubert;
Dom Vasseur, profès, non prêtre;
Dom Catelain,   id.
M. Gobbe,   id.   , dépensier.

Le lever était rigoureusement à matines , en toute saison. On allait, prieur en tête , au chœur. En hiver, après l'office de la nuit, on s'approchait pour quelques instants seulement d'un grand feu, et, au signal du prieur, chacun se retirait dans sa cellule jusqu'à primes. La distraction, l'inconvenance à donner le ton aux hymnes, aux psaumes, étaient punies sur-le-champ et le coupable mis à genoux. Pourquoi rire de ces règles sévères, de ces obéissances absolues? Ces punitions, d'ailleurs, n'étaient pas considérées comme humiliantes. A l'armée, aujourd'hui nous avons la discipline. Eh ! parce que notre armée est parfaitement disciplinée , nous n'en avons pas moins de héros.

Il y avait grand'messe et vêpres tous les jours, ce qui n'empêchait pas, à vrai dire, les Religieux d'obtenir dispense du prieur pour rester à l'in-firmerie, en cellule ou à la bibliothèque, comme aussi, à l'approche d'un orage, de retrousser leurs manches et leurs soutanes, et de donner un coup de main aux moissonneurs pour rentrer les foins ou les blés.

On sortait à la promenade le jeudi, les novices sous la conduite du zélateur , et les pères sous celle du prieur. Ceux-ci, surtout les plus jeunes, les plus ingambes, précédés de Dom Bride à cheval ou en voiture, allaient quelquefois, dans la bonne saison, jusqu'à leur ferme de Hauville, où ils faisaient collation et jouaient au trictrac.

En outre des moines profès, dont nous venons

d'indiquer les noms et les offices, il y avait dans l'enclos du monastère, dans des bâtiments séparés, toute une colonie de frères lais, des jardiniers, des menuisiers, des serruriers, des tailleurs, des infirmiers, et au dehors on occupait encore, pour les travaux agricoles, dans les fermes, des charretiers, des vachers, des batteurs en grange, qui, au départ de MM. les Religieux et après la confiscation de leurs biens, se trouvèrent quelque temps à peu près sans ressources. Les enfants de chœur étaient élevés, entretenus, instruits dans la maison, et plus tard, s'ils paraissaient intelligents, ils devenaient, poussés par les moines et aux frais de ceux-ci, organistes ou prêtres.

Les pères et les frères lais prenaient leurs repas en commun, au réfectoire : les premiers au haut bout de la table, et les seconds au bas bout. Dom Bride présidait.

Le prieur recevait chaque semaine à table particulière MM. les curés des environs. Parfois aussi, il y traitait les nobles voisins qui venaient en visite chez MM. les Religieux, seigneurs de Jumiéges. On raconte que M. de Gasville, du château d'Yville, vint, à l'occasion de son mariage, leur présenter sa dame, et que du saumon, poisson seigneurial, comme on sait, fut servi ce jour-là sur la table du prieur. Mme de Gasville, ayant paru surtout très flattée de cette courtoisie, trouva à son retour chez elle, dans sa voiture, quelques livres de saumon frais que Dom Bride y avait fait mettre. Dans le « *Courtil,* » ferme située en face du monastère, il y avait deux viviers où l'on conservait le poisson de Seine, et Desjardins, pourvoyeur de la maison, allait toutes les semaines à Dieppe chercher exprès le poisson de mer. Dom de Saulty, le cellerier, qui avait spécialement le service de la cave et de la bouche, se rendait chaque année, après les vendanges, en Bourgogne, d'où il revenait avec un chaland plein de fûts de vin pour les besoins de l'infirmerie, des églises et de l'hôtellerie. A Pâques, d'ailleurs, c'était l'usage, MM. les Religieux devaient le vin nouveau à

tous les curés qui étaient à leur nomination (1).
Dom Bride préférait la table du réfectoire; mais si, dans de rares circonstances et par convenance, il recevait les seigneurs des environs, on voit qu'il le pouvait faire bien et dignement.

Chaque religieux avait pour logement deux chambres au dortoir: l'une où était son lit, et l'autre où étaient son vestiaire et sa bibliothèque particulière. Chacun d'eux avait aussi un jardinet, à l'est des églises et du réfectoire, et une petite serre où il allait quelquefois vider bouteille. Dom Bride, outre son appartement, qui

---

(1) La vigne fut cultivée à Jumièges dès le VIIe siècle, c'est-à-dire dès la fondation de l'abbaye par saint Philbert. Le vin de Conihout passait pour le meilleur crû de la Haute-Normandie au moyen-âge et même au XVIIe siècle; on l'exportait en Angleterre, et il était exempt de certains droits à la vicomté de Rouen. La rigueur des hivers et surtout les exigences du fisc firent abandonner cette culture, devenue presque impossible. Deux clos, l'un au Mesnil, au manoir de la Belle-Agnès, et l'autre dans l'enceinte des ruines, portent encore au cadastre la désignation de triéges de la Vigne. — On a prétendu assez plaisamment que les moines se hâtaient de boire leur vin, quand il était mauvais, afin d'en avoir plus tôt du bon, et qu'ils faisaient de même, quand il était bon, de peur qu'il ne devint mauvais.

était plus vaste, avait une très belle volière, et dans l'enclos un grand jardin avec espaliers et une serre.

Une octogénaire nous a raconté qu'enfant elle se glissait parfois avec quelques espiègles, ses camarades, par la porte entrebâillée du monastère, et que la bande, au plus vite, sans bruit, sur la pointe des pieds, en rasant les murailles et les massifs de verdure, courait cueillir à pleines mains, dans les jardins des pères, les fraises, les pêches, les abricots, les raisins et les beaux fruits. « Quand un père nous » surprenait, ajoutait-elle, il faisait bien sa » grosse voix et faisait semblant de nous tirer » l'oreille ; mais il n'oubliait jamais, avant de » partir, de remplir nos tabliers. »

II.

1789 arrive. L'Assemblée nationale lance bientôt coup sur coup plusieurs décrets concernant les couvents et les biens ecclésiastiques (1). Les municipalités sont organisées et chargées de les faire exécuter. A la tête de celle de Jumiéges paraît avoir été d'abord M. Varanguien, notaire. Le maire et les officiers municipaux étaient assez embarrassés pour signifier à leurs anciens seigneurs l'ordre de leur dissolution. Ils désignèrent enfin un d'eux, Desjardins, brave garçon, particulièrement

(1) 1789, 19 décembre : décret qui met les biens ecclésiastiques à la disposition de la Nation.

1790, février : décret qui prohibe en France les vœux monastiques.

1790, 9 juillet : décret concernant l'aliénation de tous les domaines nationaux.

estimé de MM. les Religieux : ce choix était très judicieux et le meilleur.

En général, les moines, soit qu'ils fussent entrés dans les ordres contre leur vocation et par des raisons de famille, soit que les charges fussent effectivement supérieures aux ressources de la manse monastique, les moines, dis-je, se soumirent assez spontanément aux volontés de l'Assemblée. Au contraire, la constitution civile du clergé rencontra de la part de MM. les curés une opposition systématique presque unanime. Voici le récit véridique des faits qui eurent lieu à cette époque à Jumiéges, et l'ordre de la cérémonie religieuse de la prestation du serment.

C'était l'heure du repas. Toute la communauté était à table, au réfectoire, le prieur au haut bout. Desjardins entra. « Approche, lui » dit Dom Bride, nous savons pourquoi tu » viens... Assieds-toi là et prends un verre de » vin : tu parleras après. » Ces préliminaires, ce début, présageaient un dénoûment très pacifique. La notification faite, on se leva.

Puis, MM. les Religieux, précédés du prieur, se rendirent à l'église paroissiale, où la grand'messe fut célébrée par M. l'abbé Grenier, desservant d'Yville, et non par M. l'abbé Adam, curé de Jumiéges. M. l'abbé Grenier l'avait précédé et s'était démis, parce que sa nouvelle cure était beaucoup plus productive, MM. les Religieux s'étant réservé les grosses dîmes (1) et ne laissant au curé de la paroisse que son casuel et quel-

---

(1) MM. les Religieux et M. le curé prévenaient à l'avance les paysans du jour où ils dîmeraient. Cette perception en nature avait lieu en plein air, dans les champs. Les premiers prélevaient la treizième gerbe ; le second le treizième boisseau, car il avait uniquement la verte dîme sur les fruits, tels que poires, pommes, etc.

La cure de Jumiéges était évaluée, dîme et casuel compris, à .... 1,200 ou 1,500 livres.
Celle du Mesnil à.................... 2,000 ou 2,300 »
Celle d'Yville (à la nomination de M. de Gasville), à .... 4,000 ou 5,000 »

Le curé d'Yainville recevait en tout une pension annuelle de MM. les religieux, ne s'élevant pas à plus de 300 livres. La chapelle d'Heurteauville n'avait pas titre de succursale, pas de clocher et, comme on ne dîmait qu'en vertu de celui-ci, les ressources du desservant consistaient dans une rente de MM. les religieux et dans le revenu de sept acres environ de prairies, qu'il récoltait lui-même et dont il envoyait les foins au marché de Caudebec.

ues dîmes insignifiantes. M. Grenier était resté
rès lié avec les moines, tandis que M. Adam,
'humeur, dit-on, très difficile et très jalouse,
était en froid avec eux (1). A cette cérémonie,
m Bride chantait au lutrin et, à la fin de
l'office, il prêta le serment dans les mains de
. Varanguien, maire, ainsi que ses confrères,
et MM. Adam, curé de Jumiéges; Le Chanoine,
uré d'Yainville; Lefaucheur, curé du Mesnil,
et Daviron, desservant d'Heurteauville.

Voici quelques détails biographiques sur
quelques-uns de MM. les curés dont nous venons
le citer les noms.

M. l'abbé Le Chanoine a tenu l'état civil à
ainville en qualité d'officier municipal, à
rtir du 10 décembre 1792 jusqu'en brumaire
in IV (1795). Il est mort octogénaire dans sa
roisse et a été inhumé à Jumiéges.

M. l'abbé Daviron, quelque temps après le

(1) Sa mise extérieure : un bonnet de laine, une grande
houppelande bleue rayée et de gros sabots sans brides, était
n harmonie avec la rudesse de son caractère.

serment, quitta la Chapelle et fut remplacé par M. de Montigny. Il alla d'abord à Guillerville (près Fauville), puis à Boissey (Eure). Il est mort dans sa famille, à Epreville-en-Roumois.

M. l'abbé Pierre-Louis Lefaucheur, né à Rouen, vicaire de Saint-Maclou, chapelain de Mme la duchesse de Gesvres, à la Vaupalière, très bon prédicateur, obtint la cure du Mesnil par la protection de M. l'abbé Marescot, grand-vicaire, qui l'avait distingué. Il fut membre de la municipalité du Mesnil, dès le 10 décembre 1792. Il se maria le 5 thermidor an II (23 juillet 1794) avec sa servante, une veuve Petit; il avait quarante-huit ans. Il fut agent municipal jusqu'en 1798. Au Concordat, il voulut continuer à dire la messe, quoique marié; mais, sur un ordre de l'archevêché, il fut expulsé de son église. Il vécut désormais dans la retraite, de ses revenus, et est mort au Mesnil sans avoir perdu l'habitude de réciter son bréviaire.

En vertu des décrets de l'Assemblée nationale, les moines avaient droit à une indemnité pécuniaire ; ils eurent, en outre, la permission d'emporter leur chambrée ; enfin on leur donna, s'ils étaient prêtres, leurs habits sacerdotaux, des chasubles, des chapes, etc., afin de pouvoir exercer le culte catholique en entrant dans le clergé séculier (1).

Après leur séparation, la plupart d'entre eux retournèrent dans leurs pays, dans leurs familles ; quelques-uns demeurèrent et résidèrent encore quelque temps au monastère, où leur ancien barbier les servait, à leurs frais, bien entendu, au réfectoire.

Dom Bride, le prieur, alla séjourner à Bolbec pendant la Révolution. Il obtint cette cure en 1802, et plus tard celle d'Yvetot, où il a laissé les meilleurs souvenirs. Dom Cadet, sous-prieur, se retira à Caudebec, où il avait des parents drapiers. Dom Toussaint Outin, le bibliothécaire,

---

(1) Dom Outin a témoigné que ses confrères et lui n'eurent qu'à se louer à cette occasion de M. Fenestre, procureur syndic du district de Caudebec-en-Caux, qui s'empressa toujours d'accueillir leurs réclamations.

Bénédictin très érudit et très rigide, est mort à Rouen, sa ville natale; et Dom Placide-Joseph Monthois, à Sanvic, près le Havre, paroisse qu'il desservait. Dom Bance retourna, au bout de peu de temps, à Toulouse, et Dom Pierre-Florentin Painblan, dans l'Artois : ce dernier signait encore à une inhumation au Mesnil en janvier 1793; il était commensal de M. de Saulty, à Jumiéges. Nous ignorons ce que devinrent Dom Etienne-Samuel Soullier et Dom Jean-Nicolas Courbet. Dom Henri Hubert, qui était encore à Jumiéges en novembre 1792, obtint la cure de Bouville. M. Gobbe, dépensier, ordonné prêtre par Robert-Thomas Lindet, évêque d'Evreux, et deux prêtres constitutionnels, avant la Terreur, est mort à Serquigny, dont il était curé, et Dom Benoît, au Bec, où il avait exercé la pharmacie pendant la Révolution. Dom Louis-Charles de Mésanges, le grand-chantre, ancien prieur, qui avait conservé, dit-on, jusqu'à la fin de sa vie une voix admirable, ne s'éloigna pas de Jumiéges et demeura chez un menuisier, où il est décédé le 8 frimaire an V, à l'âge de quatre-vingt-quatre ans. Dom de Montigny, né à Saint-Pierre-sur-Dives, desservit la chapelle d'Heurteauville de 1790 à 1793 ; il fut réintégré en 1802 ; il est mort subitement à l'autel, le 31 mars 1811, à l'âge de soixante-six ans. Enfin, le cellerier, Dom Antoine-Joseph-Alexandre de Saulty, né le 14 juillet 1746 à Ethonsard (Pas-de-Calais), avait, peu de temps avant la Révolution, été envoyé par ses supérieurs en disgrâce à Saint-Etienne de Caen, sorte d'exil qu'il avait encouru pour avoir jeté les yeux sur une très belle fille du bourg, Mme D... Il a raconté qu'étant procureur à Caen, à l'époque des élections aux Etats-Généraux, les curés des environs se réunirent à Saint-Etienne, lieu de convocation, et que telle était leur animosité contre le clergé régulier, accapareur des grosses dîmes, qu'ils décrottaient par mépris leurs souliers couverts de boue sur les toiles cirées des tables du réfectoire. Après la dissolution de l'ordre, il ne tarda pas à reparaître à Jumiéges. En 1792, il brigua les suffrages des habitants pour être nommé officier municipal ; mais un assistant, bedeau de la paroisse, ayant déclaré avec fermeté à l'assemblée électorale *qu'on n'avait pas besoin de calotins*, M. de Saulty, grâce à cette opposition inattendue, fut évincé. Il s'associa bientôt avec un ex-Bénédictin, Dom Catelain, et tous deux allèrent s'établir sur une ferme de Saint-Wandrille. Leur accord fut de courte durée, et M. de Saulty entra dans l'armée par la protection d'un représentant du peuple, Lenud. Etait-il tenu en suspicion et à l'écart en sa double qualité de ci-devant noble et d'ex-Bénédictin ? C'est bien possible. Mais il était intrigant et clairvoyant. En ces temps de danger public, la présence sous les drapeaux faisait tout oublier, purifiait tout et pouvait seule lui donner un certificat de civisme incontestable et lui rouvrir la carrière. Il servit vraisemblablement avec peu d'éclat, et au bout de peu de temps était de retour à Jumiéges. Il signait, dès le 28 fructidor an V, sur les registres de l'état civil en qualité d'agent municipal (1). Mandataire de M. Capon, le propriétaire de l'Abbaye, ainsi que nous le verrons plus loin, il toucha en cette qualité les loyers des bâtiments et l'argent des fruits de l'enclos, jusqu'en 1802, année où, par son intermédiaire, cette propriété fut vendue à M. Lefort. Sous le Consulat, il fut adjoint, puis maire sous l'Empire. Ne disant plus la messe depuis longtemps, il assistait néanmoins depuis le Concordat aux offices religieux, et chantait au lutrin en costume laïque, c'est-à-dire sans être revêtu de l'habit de chœur. Après 1808, époque où il fut destitué, ses ressources pécuniaires étant à peu près épuisées, il obtint assez difficilement du cardinal Cambacérès la permission d'exercer de nouveau le culte ; il dit des messes peu productives (la quête ne lui rapportait guère que cinq à six sous) à Jumiéges, au Mesnil, au Trait, au Vaurouy, à la Haie-de-Routot. En 1815, il pro-

---

(1) Après cet acte, le registre est arrêté par Foutrel, adjoint ; c'était l'ancien organiste de MM. les Religieux.

testa de son royalisme, mais on douta de sa sincérité. Il est mort à Jumiéges en 1826, le 22 mai, à l'âge de quatre-vingts ans.

III.

Après la dissolution de l'ordre et le départ de MM. les Religieux, le monastère et les biens devenaient propriété nationale.

Un inventaire général fut dressé.

Tout ce qui était précieux : une vingtaine de calices en vermeil, des ciboires, des croix, des encensoirs en argent massif, des reliquaires garnis de pierreries, des chasubles, etc., furent, ainsi que les archives (1), enlevés au chef-lieu du district, à Caudebec, et un peu plus tard à Yvetot.

Le riche mobilier du monastère et celui des bâtiments de l'enclos et des fermes, furent incontinent mis en vente ; toutefois quantité

---

(1) Elles sont actuellement à la préfecture de la Seine-Inférieure.

d'objets, tels que ferrailles, brouettes, rateaux et autres outils de jardinage ou instruments agricoles, disparurent avant la mise aux enchères ; on ferma les yeux sur ces soustractions attribuées à d'anciens serviteurs de la maison.

Les livres d'église furent donnés par la municipalité à la paroisse, qui ne put s'en servir, les Bénédictins suivant le rit romain, qui n'était pas celui du diocèse.

La bibliothèque, qui était considérable, fut remise entre les mains de Dom Gourdin (1), bibliothécaire du département, et enlevée au chef-lieu sur un navire dont le chargement fut complet. Néanmoins cette opération fut assez peu surveillée, puisque les ouvriers employés à transporter du monastère au bord de la Seine les livres et les manuscrits renfermés dans des sacs, emplissaient, durant ce trajet, leurs poches de volumes qu'on retrouve çà et là sur les manteaux de cheminées des maisons dans les

---

(1) Ancien Bénédictin de l'abbaye de Saint-Ouen.

hameaux de Conihout, du Sablon, d'Hourteau-
ville.

Dès 1791 (février), la plupart des fermes ont
été aliénées par la Nation à des prix fort peu élevés. Celles surtout qui faisaient partie de la
manse monastique, avaient été admirablement
plantées d'arbres fruitiers, une vingtaine d'années auparavant, par le prieur Dom Fontaine.
Si la commune, si toute la contrée même est de
nos jours si riche en fruits à couteau et de des-
sert, elle le doit à cet excellent prieur, dont le
nom est resté parfaitement ignoré jusqu'à présent, et qui vendait les plus gros et les plus
beaux fruits de ses espaliers pour en consacrer
l'argent à l'achat, dans des pépinières des environs de Paris, d'entes et de greffes d'espèces
aussi rares que variées.

Ce fut à cette même époque (1790-1791) que
la municipalité proposa à diverses reprises à
M. l'abbé Adam de transférer sa paroisse à
l'Abbaye. S'il eût accepté, l'église Notre-Dame
serait devenue notre église paroissiale ; cet

admirable monument, dont la fondation remonte au VIIe siècle et la réédification au XIe, aurait été sauvé. Malheureusement pour Jumiéges et pour les arts, il refusa, objectant les frais immenses d'entretien si disproportionnés aux ressources de ses paroissiens, et craignant au fond — ainsi qu'il l'a avoué depuis, d'être expulsé honteusement, si la Révolution avortait et si les communautés religieuses étaient rétablies. Les habitants du haut du bourg, voisins de l'église paroissiale, réclamaient auprès de lui pour qu'elle fût conservée au culte; ceux, au contraire, qui demeuraient en face de l'Abbaye, ainsi que la majorité de la population des hameaux, insistaient vivement pour le transfert.

Quelques moines, d'ailleurs, avaient répété en partant : « Patience, nous reviendrons. » Cette phrase, qui causa tant de maux, était généralement alors dans la bouche de ceux dont la Révolution froissait l'amour-propre ou les intérêts, de ceux qui émigrèrent bientôt ou qui n'acceptèrent pas les institutions nouvelles sans répugnance et sans arrière-pensée.

Comme il était très embarrassant, sinon impossible, de trouver une autre destination à ces riches édifices, on insista auprès de M. l'abbé Adam. La municipalité même, espérant par une démarche hardie arriver plus sûrement à ses fins, délégua en 1792 quatre de ses membres, entre autres Desjardins, pour aller demander à la Convention la grande église de l'Abbaye pour paroisse. Les délégués furent parfaitement accueillis et s'en revinrent heureux d'avoir pleinement réussi dans leur mission. Ils s'empressèrent d'en faire part à M. l'abbé Adam, croyant que cette fois-ci tous ses scrupules seraient levés, et qu'il n'hésiterait plus à accepter. D'aucune manière ils ne parvinrent à le décider. « Il y a encore pour 15,000 fr. de plombs « sur les toits, lui avait dit M. de Saulty, lequel « avait su prendre une grande influence sur son « esprit, et la Convention, qui a besoin d'ar- « gent, vous fera sous peu officier à la belle

» étoile. » M. de Saulty ajoutait, en faisant allu-
sion à la Révolution : « Refusez ! refusez !
» cela ne tiendra pas. » Voilà dans toute cette
affaire quelle fut la conduite du curé de Jumiéges
et quelle fut celle de la municipalité. On jugera
si M. l'abbé Adam, par son inintelligence, son
obstination, son aveuglement, n'a pas mé-
rité sa part de responsabilité dans la destruction d'un monument aussi remarquable, destruction qui devait avoir lieu quelques années
après.

L'Abbaye de Jumiéges resta ainsi bien de la
Nation, sans destination. Elle aurait pu avoir le
sort de celle de Saint-Georges, que M. le curé
de Saint-Martin-de-Boscherville demanda et
obtint pour paroisse. Les frais d'entretien, pré-
texte mis en avant par M. l'abbé Adam, n'ont
pas, dans le principe, effrayé son confrère, mieux
inspiré, auquel, du reste, le gouvernement est
maintes fois venu en aide par des subventions
importantes.

C'est alors que fut décidée, en présence du

mauvais vouloir de M. l'abbé Adam, la dispersion de tout ce qui servait à l'ornement intérieur des églises Notre-Dame et Saint-Pierre, et voici comment cette mesure fut mise à exécution. La municipalité engagea MM. les curés de la péninsule et des environs à venir choisir ce qui pourrait, à leur avis, contribuer à l'embellissement de leurs paroisses. La plupart d'entre eux, bien avisés, répondirent avec empressement à cette invitation et obtinrent ainsi : celui de Duclair, les douze apôtres de l'église Saint-Pierre ; celui de Caudebec, le sépulcre, un *Ecce Homo*, deux crédences ; celui de la Mailleraie, un saint Valentin, des rétables ; celui du Mesnil, un saint Jean, une sainte Vierge et le Christ qui était sur la grille du chœur.

Beaucoup d'autres objets servant au culte, tels que tableaux, orgues, cloches, autels, stalles, statues de saints, de ducs, de rois, trouvèrent plus tard une destination ou ont été anéantis. Dans quelles circonstances, c'est ce que nous allons voir en assistant aux principales scènes, aux cérémonies religieuses ou aux fêtes civiles qui eurent lieu pendant la Révolution, à Jumiéges, dans l'enceinte du monastère, à l'église paroissiale, sur la place publique.

IV.

Après le départ des moines, les officiers municipaux, en écharpe, ayant à leur tête MM. Varanguien, maire, et Dinaumare, adjoint, et suivis de presque toute la population, se rendirent au monastère, afin de prendre possession de tous les parchemins constatant les titres féodaux, les droits seigneuriaux de la ci-devant Abbaye. On en chargea plusieurs charrettes qui furent amenées sur la place publique, on en fit un grand amas autour du pilori (l'abbaye de Jumiéges, baronie, avait haute et basse justice, carcan et prisons), et là, en présence de la foule, au milieu de l'allégresse universelle, le feu fut mis par M. Varanguien. Des danses s'organisèrent à l'entour (1).

____

(1) Avant les danses, il y eut, comme de juste, un banquet : on avait fait rôtir, dans cette circonstance, un veau tout entier.

Tout un passé de servitude et de misères semblait s'abîmer dans les flammes : l'avenir apparaissait radieux, la joie tenait du délire, l'égalité grisait les assistants. Dans un quadrille, M. Varanguien dansait avec une marchande de poisson, et son vis-à-vis, M. Dinaumare, avec une ensevelisseuse. Celui-ci était le même qui, naguère, en sa qualité de receveur de M. l'abbé de Lorraine, avait eu le privilége d'ouvrir chaque année le bal le jour de la Saint-Pierre, fête patronale de la paroisse.

Chacun fit assaut de générosité, de civisme, ce jour-là : modeste reflet du grand exemple donné par l'Assemblée nationale, dans la nuit mémorable du 4 août 1789. Chacun, en effet, jeta dans le foyer les concessions de toute nature obtenues de MM. les Religieux moyennant des redevances insignifiantes : le droit de pêche, par exemple, ne coûtait que six blancs par an. « Voilà les aloses qui s'envolent, » s'écriait un pêcheur en indiquant du doigt les feuillets enflammés qui voltigeaient au-dessus du foyer.

Ceux qui conservèrent leurs titres à Jumiéges ou ailleurs les firent valoir plus tard, et le gouvernement respecta les engagements de MM. les Religieux.

Deux gentilshommes du bourg, les frères Moret, l'aîné chevalier du Mastray, et le cadet sieur du Jallay, apportèrent aussi leurs parchemins... C'était, par parenthèse, la seule famille noble résidant à Jumiéges à la fin du siècle dernier, l'abbé et les moines possédant à peu près tout le territoire. M. du Vertbois, ancien garde-du-corps, était mort depuis quelques années. Quant à la famille des Deconihout, très nombreuse alors et aujourd'hui, ses prétentions à une origine noble ne nous paraissent pas fondées. Comme un de ses membres, Raoul, fit don (au nom de ses enfants et au sien), au XVIe siècle, à l'église paroissiale, d'un vitrail peint, dans le haut duquel on remarque des attributs agricoles, tels que rateaux, pelles, fourches, etc., comme aussi sur les registres de la paroisse, lesquels remontent à la fin du même siècle, ils ont toujours été désignés comme laboureurs, et qu'enfin ils habitaient principalement le hameau de Conihout, nous croyons plutôt et simplement à un sobriquet devenu à la longue nom de famille.

L'enthousiasme était général, sincère, pacifique. Si, dans d'autres contrées, les seigneurs ont vu exercer contre eux de terribles repr sailles, incendier les châteaux, à Jumiéges, l'autorité assez bénigne des moines, leur acquiescement spontané à la Révolution, la prudence de la municipalité, le bon sens des villageois, toutes ces circonstances concoururent à donner à cette fête un caractère absolument inoffensif.

Une autre cérémonie imposante, à la fois religieuse et politique, fut célébrée l'année suivante à l'église paroissiale, six semaines avant la clôture des immortels travaux de l'Assemblée nationale. La municipalité, la garde nationale, tous les habitants étaient là debout, silencieux, émus, écoutant le « Discours prononcé par

» Mme Dinaumare l'aînée, le 15 août, jour de
» l'Assomption, lors de la bénédiction du
» drapeau, que douze demoiselles citoyennes
» de Jumiéges ont donné à la sainte Vierge en
» faisant un vœu pour l'affermissement de la
» Constitution. »

Ce discours, conservé par la confrérie du Rosaire, et dont la rédaction est attribuée à M. de
Saulty, débute ainsi :

« Monsieur (M. l'abbé Adam), ce drapeau que
» nous vous présentons à bénir doit nous être, à
» l'avenir, un monument des sentiments dont
» nos cœurs sont animés en faveur d'une Con-
» stitution qui, à l'aide de Dieu, fera le bonheur
» commun des Français, pourvu cependant
» qu'ils se souviennent que ce précieux présent
» qu'il nous a fait, la liberté, ne consiste point à
» faire indifféremment tout ce qui peut être
» dicté par une volonté déréglée, mais à obéir
» scrupuleusement à la Loi, à la Nation et au
» Roi, obéissance sans laquelle il ne peut y avoir
» aucun bonheur dans la société. Quelle cala-

» mité pour notre chère Patrie si, à l'instant où
» nous allons jouir des bienfaits que nous pro-
» mettent les nouvelles lois qui sont promul-
» guées, des mains perverses venaient à détruire
» *un ouvrage aussi sagement entrepris que*
» *courageusement exécuté!...* »

C'était une jeune fille que l'on faisait parler ainsi en 1791, et c'était un ex-Bénédictin qui avait écrit, un an après la dissolution de son ordre, cette franche et complète apologie des décrets de l'Assemblée! Est-il besoin d'autres commentaires?

Cependant les événements se précipitent à Paris. Bientôt la Patrie est déclarée en danger (1), la Monarchie abolie en France et la République proclamée (2). Les municipalités sont renouvelées, M. Varanguien cède la place à Pierre-François-Martin Amand. Celui-ci reçoit de M. l'abbé Adam les registres de la paroisse :

---

(1) 11 juillet 1799.
(2) 21 septembre 1792.

l'état civil passe ainsi de la sacristie à la maison commune (3).

Trois à quatre cents volontaires tinrent garnison à l'Abbaye pendant cinq à six mois (1792-1793), prenant leurs repas au réfectoire et couchant au dortoir.

Déjà, dans le courant du même siècle, plusieurs détachements de cavalerie avaient séjourné dans la paroisse, logés dans deux fermes. Plusieurs souvenirs intéressants nous sont restés de cette garnison. M. l'abbé Grenier intervint un jour auprès du commandant pour obtenir la grâce d'un militaire qu'on allait passer aux verges. Deux cavaliers se battirent en duel, et l'un d'eux fut tué ; l'endroit porte le nom de *Trou-du-Soldat*. La morve s'étant déclarée dans les écuries, on fut obligé d'abattre la plu-

---

(3) Novembre 1792. — La municipalité siégeait dans une ancienne dépendance de l'Abbaye, dite la Salle-des-Dames, située sur la ferme du Courtil et ayant servi au rez-de-chaussée de buanderie, et à l'étage au-dessus de logis pour les hôtes. Ce bâtiment a été démoli il y a deux ans.

part des chevaux, qu'on jeta dans le *Long-Puits*. Enfin, voici une curieuse pièce que nous avons trouvée sur les registres de la paroisse, qui n'a pas encore été signalée et qui pourtant nous semble mériter de l'être :

« L'an 1749, le 19° jour du mois d'octobre (1), » en présence des témoins soussignez, Jean » Stuart, fils de Jean Stuart et d'Agnès Keith, de » la paroisse de Glamz, en Ecosse, proche la ville » de Dondée, âgé de 18 à 19 ans — cavalier dans » le régiment irlandois de Fitz-James — com- » pagnie de M. Patrice de Nugent, aïant reconnu » que hors de la vraie Eglise il n'y a pas de salut ; » de sa bonne volonté et sans aucune contrainte, » a fait profession de la foi catholique, apostolique » et romaine, et abjuré l'hérésie de Calvin entre » nos mains, de laquelle je lui ai publiquement

---

(1) C'est-à-dire trois ans après l'insuccès de la tentative du prétendant Charles-Edouard, et un an seulement après la paix d'Aix-la-Chapelle. — Un trompette du régiment de Rohan, peut-être le soldat tué en duel, avait été enterré dans le cimetière de la paroisse, en 1717.

» donné l'absolution en vertu du pouvoir que
» Mgr l'archevêque de Rouen m'a donné pour
» cet effet, en datte du 3ᵉ octobre de la présente
» année, en foi de quoi — je, prieur de l'abbaye
» de Jumiéges, ay signé le présent certificat
» avec lesdits Jean Stuart; M. Grenier, curé de
» Jumiéges; M. Delamare, subdélégué et bailly
» dudit Jumiéges.

» GRENIER, curé de Jumiéges; Jean STUART,
» DELAMARE, Fr. P. FAUDEMER, prieur. -

Revenons à nos soldats républicains : l'ancienne foi catholique pàlit et la foi révolutionnaire est à son aurore.

Le commandant des volontaires s'appelait Gueroult (1) et le capitaine Planquette. Ce dernier, neveu de M. l'abbé Levesque, curé de Pavilly, avait fait ses études de latin, et sa verve réussissait, dit-on, merveilleusement à entretenir l'exaltation patriotique des volontaires.

---

(1) Il a été orfèvre à Rouen.

Tous les jours il y avait exercices dans le préau du monastère, promenades dans les environs, harangues au réfectoire. Au milieu de l'effervescence de ces futurs héros, couverts de haillons, aucun désordre n'a été signalé. A leur départ pour la frontière, au commencement de 1793, M. l'abbé Adam officia au son des orgues et de toutes les cloches dans l'église Notre-Dame de l'Abbaye, qu'il venait encore de refuser pour paroisse et qui désormais ne devait plus être témoin d'aucune autre cérémonie religieuse. Puis, les gardes nationaux, qui leur avaient fait don de leurs uniformes, leur offrirent un banquet d'adieu et leur firent la conduite.

Ici doit trouver place la rectification d'un fait, la réhabilitation d'un brave marin.

Dans les premiers jours de septembre 1792, partait de Rouen un navire, dont le capitaine était originaire de Jumiéges : cinquante-six prêtres émigrants étaient à bord. S'étant embarqués, chose presque incroyable, sans provisions, le capitaine Duquesne, mis au courant des municipalités des rives de la Seine, leur conseilla de descendre à terre, pour acheter des vivres, à Jumiéges plutôt qu'à Duclair ou à la Mailleraie : il déclarait être sûr de ses concitoyens. En cela son avis était excellent. Quelques vieillards se rappellent encore avoir vu ces fugitifs se promener librement, lisant leur bréviaire une partie de la journée dans le pays et même dans l'Abbaye, où étaient casernés les volontaires. Le 7, le navire arriva en vue de Quillebeuf : retenu par la marée, qui, dans ce mois, est une des plus fortes de l'année, il échoua sur la vase et ne put être remis à flot. — On venait alors d'apprendre l'investissement de Verdun et de Thionville par les Prussiens, le massacre des prisons à Paris (2 et 3 septembre) et le résultat des élections à la Convention (5 septembre). — La municipalité de Quillebeuf, très embarrassée, prit un parti aussi ferme que sage : elle se rendit à bord, engagea tout le monde à débarquer, prévint de suite le Directoire du département et achemina sans délai sur

Rouen les naufragés protégés par des gardes nationaux. Là, on changea la destination de leurs passe-ports, quelques-uns demandèrent des secours d'argent, qu'on leur accorda, et tous purent, sous escorte, gagner Dieppe et s'y embarquer pour l'Angleterre.

Rentrés en France après le Concordat, quelques-uns de ces émigrés ont fait le récit, plein d'exagérations et de malveillance évidente, des injures et des traitements épouvantables dont les auraient accablés les populations exaspérées et furibondes. Ils ont même accusé le capitaine Duquesne « de trahison et de connivence avec » les démagogues pour la perte des prêtres; » ils ont hautement dénoncé un crime quand il n'y avait eu qu'un malheur de navigation. « En » mettant pied à terre, un vieillard à cheveux » blancs tomba dans la vase; il s'y serait noyé » au milieu des rires et des huées, si quelques » prêtres n'eussent exposé leur vie pour le » sauver. » L'abbé Baston, chanoine, auteur de ces lignes hyperboliques, émouvantes, indignées, n'était pas, lui, à bord du même navire, et il aurait bien dû savoir, à l'époque où il les a écrites, que le vieillard aux cheveux blancs qui, en mettant pied à terre dans la vase, faillit se noyer, avait en débarquant de l'eau à mi-jambes, ainsi que ses confrères, que son chapeau seul tomba à la rivière et qu'aucun ne songea à risquer sa vie pour le repêcher.

En outre des enrôlements, des levées en masse, diverses mesures furent prises par la Convention en présence de l'invasion du territoire. Dans les maisons particulières de Jumiéges, ainsi que dans le monastère, — à l'exception toutefois des enceintes sacrées, — les murailles furent lessivées avec soin, afin d'en extraire le salpêtre nécessaire à la fabrication de la poudre. Trois cloches étaient à la paroisse et dix dans les tours de l'Abbaye (1) : on n'en laissa qu'une à chaque endroit. Onze, par conséquent, furent enlevées à Yvetot et cassées pour être conver-

____

(1) La sonnerie de celles-ci était, dit-on, admirable.

tiès en sous ou en canons. La paroisse a conservé cette même cloche. Quant au magnifique bourdon, pesant environ 8,800 livres, qui resta pendant la Révolution à la disposition de la municipalité, Dom Gourdin et les trésoriers de Saint-Ouen vinrent, munis d'une ordonnance de l'empereur, le faire descendre de la tour et l'enlever à Rouen, à l'époque où M. de Saulty était maire; et comme ils craignaient que l'archevêque, qui avait manifesté le désir de l'avoir aussi pour son église métropolitaine, ne les arrêtât au passage, ils attendirent la nuit pour l'entrer couvert de toiles dans la ville (1).

En même temps que le péril était extrême à la frontière, à l'intérieur la disette était affreuse. Chaque jour avait lieu dans la nef de l'Abbaye

---

(1) Au dire des paysans, les cloches de l'Abbaye, quand elles étaient mises en volée, leur adressaient gravement ce langage :

« La taille est assise, de quoi la paierez-vous? »

Et les cloches des paroisses de la péninsule et d'Heurteauville répondaient de leur voix un peu flûtée :

« De chanvre et de lin ! »

et dans le cloître, sous la surveillance du maire, la distribution des vivres, du pain et du stockfish d'abord, et aux plus mauvais jours la ration fut fixée à deux verres de riz par famille : on fut réduit à ne manger que des pommes de terre, des salsifis, des carottes, des légumes enfin ; des habitants même se nourrirent quelque temps d'herbes. Dans des circonstances aussi effroyables, au milieu de cette crise décisive, où la population souffrait avec une résignation absolue, la bonne humeur éclatait encore parfois d'une façon assez piquante, assez significative. L'anecdote suivante vient à l'appui de notre dire. Quelqu'un demandait sous le porche un entretien au citoyen Amand. « Tout à l'heure, » répondit l'ancien tenancier de MM. les reli- » gieux, gros ventru qui parlait du nez ; *mon* » *peuple* est là qui m'attend. — Camarades, » s'écria un des assistants (c'était un cousin » d'Amand, qui se permettait de chansonner la » municipalité), si nous descendions la corde » de la grosse cloche pour y pendre un peu au

» bout *monsieur l'Aristocrate?* » Cette boutade fut saluée par une hilarité formidable et le citoyen maire resta tout déconcerté, quoiqu'il ne craignit guère au fond qu'on mit à exécution cette menace pour rire.

Le culte catholique fut interdit publiquement cette même année (novembre 1793), et M. l'abbé Adam dut déposer les clefs de la paroisse à la maison commune. Il continua néanmoins quelque temps encore à dire la messe dans une salle de son presbytère; les chantres se tenaient dans le corridor et les fidèles étaient agenouillés dans l'herbe, sous les pommiers de la *masure.*

Le régime de la Terreur durait depuis plusieurs mois. Une liste locale de *suspects* avait été dressée par ordre supérieur et renfermait une cinquantaine de noms d'ex-Bénédictins qui étaient demeurés dans la commune, d'anciens serviteurs du monastère et de quelques habitants riches. Cette mesure générale avait, paraît-il, pour but d'interdire rigoureusement, par la perspective d'une sévérité impitoyable, aux uns toute ingérence dans les affaires publiques, et aux autres l'accaparement des denrées. Le nom de M. l'abbé Adam figurait sur cette liste. Il dut cesser tout à fait d'exercer le culte et assister aux cérémonies révolutionnaires, fêtes de la Raison, des Enfants, des Vieillards, qu'on y avait substituées et qui se célébraient à sa paroisse. Un piquet de gardes nationaux allait à chaque décade le quérir à son domicile et l'y ramenait. Tant de précautions à l'égard de sa personne l'inquiétèrent sérieusement, et il songea à émigrer. Le curé du Vaurouy, avec qui il s'entendit à ce sujet, vint même une nuit le chercher, ainsi que sa mère et ses deux sœurs. Mais celles-ci lui ayant fait observer les dangers de la fuite plusgrands que ceux du séjour, il renonça à son projet. Le curé du Vaurouy partit seul (1794).

L'interruption de l'exercice du culte catholique dura quatorze ou quinze mois (1). C'était

---

(1) Outin contre Ouin et Adam. — 7 novembre 1806. — « Devant nous, magistrat de sûreté de l'arrondissement de

le tambour de la garde nationale, un Picard
nommé Hauriolle, qui ouvrait l'église, sonnait
la cloche à l'aurore, à midi et au couvre-feu.
Devant l'autel on avait planté un chêne. M. l'abbé
Adam, assis entre deux soldats, dans un banc
au-dessous de la chaire à prêcher, était présent
à chaque décade. Le citoyen Amand, maire,
donnait lecture des décrets de la Convention,
puis les orateurs montaient dans la chaire; enfin
une demoiselle Poisson, sur les degrés du chœur,
chantait la *Carmagnole* et d'autres airs répu-

» Rouen, s'est présenté sur avertissement le sieur Jean-
» Baptiste-François Adam, âgé de soixante-neuf ans, prêtre
» et desservant de la succursale de Jumiéges, que nous avons
» invité de répondre aux interpellations suivantes :

» D. — A quelle époque avez-vous rempli les fonctions de
» desservant de Jumiéges?

» R. — J'étais curé de Jumiéges avant la Révolution ; il y
» a eu quatorze ou quinze mois d'interruption pendant la
» fermeture des églises, et depuis leur ouverture j'ai tou-
» jours desservi cette paroisse, à l'exception de deux années,
» que le sieur Burel fut nommé à ma place, sur la supposition
» que l'on fit que j'étais mort.

» D. — Vous rappelez-vous depuis combien d'années les
» églises ont été rouvertes ?

» R. — Il y a environ onze années. »

blicains. A la fête des Vieillards, l'assemblée sortit en promenade autour de la *Couture* : les vieillards portaient à la main de longs bâtons blancs, branches de saule dont l'écorce avait été pelée (1).

Sur la place publique, à côté de l'arbre de la Liberté, la municipalité avait fait élever une butte de terre du haut de laquelle péroraient les patriotes les plus ardents. « Vous appelez ça la » *Montagne*, s'écria un jour un des auditeurs » de ce club en plein vent, ce n'est qu'une taupi-» nière ! » L'interruption eut un grand succès. Cette plaisanterie, adressée à bout portant à l'un de ces hommes que l'on est convenu d'appeler des terroristes enragés, prouve suffisamment les dispositions de la population de Jumiéges et

(1) Un plaisant incident causa quelque trouble un décati dans l'ordre de la cérémonie. L'officier municipal qui, en l'absence du maire, devait lire les décrets, annonça du haut de la chaire qu'il les avait oubliés dans la poche de sa *culotte de tous les jours* (on ne portait pas de pantalon à cette époque). L'assemblée, y compris M. l'abbé Adam, ne put garder son sérieux en entendant cette étrange déclaration, et la cérémonie en fut troublée jusqu'à la fin.

surtout le bon sens avec lequel nos villageois faisaient justice sur-le-champ des exagérations et des déclamations ridicules dont on est généralement convenu d'accorder aussi le privilége exclusif aux temps de révolution.

Aucunes vengeances, aucunes persécutions n'ont été dirigées contre ceux qui, par leur passé, à quelque titre que ce fût, se rattachaient à l'ancien régime. Les dénonciations d'Hauriolle, espèce d'imbécile qui, à soixante-sept ans, divorça avec sa femme (germinal an III, — 1794) et se remaria avec elle le mois suivant (1), furent absolument neutralisées par l'influence de Foutrel, secrétaire-greffier, homme doux, inoffensif, indispensable en quelque sorte, qui dirigeait la commune plus que le maire, qui prévenait même les soldats réfractaires à l'avance de l'arrivée des gendarmes et les suspects des

---

(1) C'est le seul fait de cette nature que nous ayons à signaler. Dans un terrible incendie qui dévora une partie du bourg, le 5 août 1858, il fut retiré asphyxié d'une cave où il avait voulu pénétrer.

visites domiciliaires, et qui rassura MM. de Mésanges et de Montigny, ses anciens protecteurs et maîtres, ainsi que M. l'abbé Adam et en général toutes les personnes portées sur la fameuse liste rouge (1).

L'agent national, étant venu un jour du chef-lieu du district exprès pour démocratiser la commune et s'assurer du zèle de la municipalité, fut accueilli à coups de pierres par les gamins à l'entrée du bourg, et rebroussa chemin au plus vite. Le citoyen Foutrel, qui craignait sans doute que son influence sur le maire fût ébranlée par ce personnage, passe pour avoir imaginé le

---

(1) Né au Bec-Hellouin, Nicolas-David Foutrel accompagna fort jeune son père, que MM. les Religieux avaient choisi pour organiste et auquel il succéda. Initié de bonne heure à la musique sacrée, il acquit un véritable talent, qui se manifesta un jour, dans l'église de l'Abbaye de Saint-Ouen, à un concours où luttèrent tous les organistes de la province et où la victoire lui resta. Il était fier de sa profession, considérée comme libérale, et quoiqu'il n'eût plus du tout à l'exercer, il signait encore sous le Directoire avec cette qualité. MM. les Religieux, qui l'estimaient beaucoup, l'invitaient à leur table les dimanches et les fêtes. Il leur a bien prouvé plus tard sa reconnaissance.

programme de cette réception peu hospitalière, laquelle, du reste, n'eut pas de conséquences fâcheuses pour les auteurs, grâce apparemment au silence que l'agent jugea bon de garder par crainte du ridicule (1).

Une seule arrestation eut lieu à Jumiéges, celle d'un prêtre de Caen, nommé Paris, qui s'était réfugié chez un brave cultivateur, Pierre

---

(1) Le premier commis de cet agent était l'ancien prieur de l'abbaye de Saint-Wandrille, Dom Legrand, homme très éclairé et très sensé, qui avait su prendre un grand empire sur lui et qui rendit des services incontestables et *incontestés* aux prêtres réfractaires incarcérés à Yvetot et à Combles sous la Terreur. Comme au nombre de ses attributions, il avait celle de faire afficher les tableaux sur lesquels chacun avait le droit, pendant les huit jours qui précédaient l'élargissement ou la condamnation des détenus, d'écrire ce qu'il voulait pour ou contre ceux-ci, quand la feuille d'un prêtre se présentait sous sa main, il la glissait de suite à la fin, au talon, sous les autres, et de la sorte aucune dénonciation n'y figurait. Cette ruse aussi honorable que dangereuse pour son auteur, un seul prêtre, M. l'abbé Mauger, curé de Saint-Wandrille, ne voulut pas en profiter, et au lieu de garder prudemment le silence ainsi que le lui conseillait le citoyen Legrand, cet infortuné réclama à grands cris qu'on le conduisît à Paris devant le tribunal révolutionnaire, certain, disait-il, de se disculper et d'être éla··· Quinze jours après à peine on apprenait son jugement et son exécution.

Castel, et exerçait la médecine. On sait que le prêtre, à partir de la consécration du pain, doit tenir les mains, c'est-à-dire les deux pouces et les deux index rapprochés, afin qu'aucune parcelle de l'hostie ne soit égarée. Involontairement, les doigts de l'abbé Paris se rencontraient souvent dans cette position ; c'est ce qui trahit son incognito. Quand arriva l'ordre de l'arrêter et de le diriger sous escorte vers Rouen, il ne voulut pas se sauver : il demanda seulement d'être conduit par son hôte et un ami de celui-ci. La révolution de thermidor survint et le rendit à la liberté.

Des changements dans la composition des municipalités furent la conséquence de la chute de Robespierre et du parti des Jacobins, et des élections réactionnaires de l'an III.

M. Varanguien redevient maire, Foutrel est son adjoint, et M. l'abbé Adam peut exercer de nouveau librement, sinon ostensiblement, le culte catholique.

Comme à partir de cette époque les actes de

la municipalité n'offrent plus d'intérêt, et qu'aucun événement ne mérite d'être signalé dans la commune de Jumiéges, nous nous bornerons à donner quelques détails concernant plusieurs personnages dont le nom a été mentionné dans ce récit.

Le citoyen Pierre-François-Martin Amand, aussitôt après son remplacement, se retira au Mesnil-sous-Jumiéges, dans une ferme qui lui appartenait, et où il est décédé le 29 pluviôse au X (1802), à l'âge de quarante-huit ans.

M. Pierre-Antoine-Modeste Varanguien, remplacé l'an VI, se noya un mardi soir, par un brouillard épais, à Duclair, et fut retrouvé sous les côtes du Mesnil, le 7 germinal an VII (1799). Il avait cinquante-cinq ans.

Foutrel fut agent l'an VI, vice-président de l'administration cantonale et enfin maire provisoire l'an VIII.

M. Grenier, centenaire, presque aveugle, sans ressources, s'éteignit à Yville pendant la Révolution. Sa détresse était telle, que son domestique, nommé Nobert, qu'il avait emmené de Jumiéges avec lui à Yville, et qui le servit jusqu'à la fin, était obligé pour le nourrir d'aller de porte en porte avec une gibecière mendier un morceau de pain de seigle ou d'orge.

Quant à M. l'abbé Adam, en 1802, au Concordat, M. Hue, maire, avec qui il était mal, le fit passer pour mort à l'archevêché, et sa cure fut donnée à M. l'abbé Burel ; on ne fit droit à ses réclamations qu'en 1804, époque où il fut réintégré, et M. l'abbé Burel envoyé à Anneville. Il est mort à Jumiéges, le 9 novembre 1811.

V.

La municipalité avait laissé aliéner par la Convention tous les biens nationaux situés dans la commune, sans adresser les réclamations qu'elle avait le droit et le devoir de faire, par exemple lors de la vente du presbytère, dont M. Dinaumare, juge-de-paix, avait dû expulser M. l'abbé Adam, sur son refus de le conserver pendant la suspension du culte, à titre d'instituteur et à condition d'y tenir l'école pour les petits enfants. Ainsi, grâce à lui, la commune de Jumiéges manque encore à l'heure qu'il est de presbytère, de même qu'elle n'a pas l'Abbaye pour église paroissiale.

Ce fut également sous la Convention (1795) que l'Abbaye fut vendue au citoyen Pierre-Michel Lescuyer, receveur des domaines nationaux, qui, dit-on, se remboursa par ce moyen d'avances faites à l'Etat.

Nous avons dit plus haut ce qu'étaient devenus les ornements des églises, les archives, la bibliothèque, les cloches, la plupart des statues des saints. Ajoutons que M. Lescuyer s'empressa d'accueillir, provoqua même les demandes de MM. les curés et des confréries des paroisses voisines, lesquels emportèrent des autels, des tableaux, des rétables, qui n'avaient pas trop souffert de l'état d'abandon où on les avait laissés pendant plusieurs années, et qui furent ainsi sauvés d'une destruction presque certaine. M. l'abbé Adam persistant dans son refus d'accepter quoi que ce fût, la confrérie du Rosaire, nonobstant, alla au réfectoire de l'Abbaye trouver M. Lescuyer, qui lui accorda une *Assomption*, tableau du XVIIe siècle, de très grande dimension. L'église paroissiale, en outre, possède, entre autres épaves de même origine, des rétables. Quant à la chaire à prêcher, c'était celle du réfectoire, qui servait au lecteur pendant les repas, et ce fut la municipalité qui la fit transporter à la paroisse en 1791 : un calice en vermeil fut également donné par elle à cette même date.

Nous voudrions bien n'avoir qu'à louer l'affabilité, la générosité dont M. Lescuyer fit preuve dans ces circonstances ; mais nous devons le blâmer sévèrement d'avoir eu la déplorable idée d'ordonner la démolition du dortoir, admirable construction presque neuve : l'exemple qu'il donna fut, en effet, suivi de la façon la plus désastreuse. Il y a plus, ayant vainement cherché un locataire disposé à convertir sa propriété en un établissement industriel, il ne voulut pas faire les frais nécessaires à la réparation des toitures restées sans aucun entretien depuis le départ des religieux. Il traita avec des entrepreneurs qui découvrirent le réfectoire, le cloître, les églises, enlevèrent les plombs, les ardoises et les charpentes et ne laissèrent debout, en moins de deux années, que les murailles de ces vastes et splendides édifices. Les clochers qui surmontaient les deux tours du portail occidental, et don l'un abritait le bourdon, furent seuls épargnés.

Vers 1797, l'Abbaye passa des mains de M. Lescuyer dans celles de M. Paul Capon, banquier à Paris, dont M. de Saulty, de retour à Jumiéges depuis peu, fut le mandataire. Celui-ci arrêta l'œuvre de destruction. Mais M. Capon lui ayant écrit que, ne possédant que ce seul bien en Normandie, il désirait s'en débarrasser à quelque prix que ce fût, M. de Saulty vendit d'abord à des habitants plusieurs bâtiments qui avaient été, du temps des moines, à usage de granges, de magasins, de pressoir, de cellier, et enfin, le 7 brumaire an XI (29 octobre 1802), M. Jean-Baptiste Lefort, marchand de bois à Canteleu, devenait, moyennant 7,000 fr., pas plus, acquéreur de l'Abbaye. Outre les bâtiments conventuels et les églises, il avait à ce prix un enclos contenant plus de seize acres (11 hectares 30 ares environ). M. de Saulty faillit un instant acheter pour son propre compte cette belle propriété, qu'il aurait sauvée. La vente tardait à se conclure à cause d'une bagatelle : était-ce en livres ou en francs qu'on avait entendu que le paiement devait s'effectuer? Il manquait 2,000 fr. à M. de Saulty ; néanmoins il fit part au notaire de son intention, et lui avoua en même temps son embarras. Celui-ci lui offrait de lui faire les avances nécessaires, lorsque M. Lefort rentra déclarant souscrire aux conditions du vendeur.

Il était trop tard : la destruction complète de l'Abbaye devint inévitable, imminente.

M. Lefort avait fait une spéculation et, de suite, il passa des marchés avec des entrepreneurs de Rouen et de la Mailleraie pour la démolition générale : on put acheter à des prix insignifiants, qui un pan de mur, qui une chapelle, qui le chœur, à condition de déblayer le terrain et d'enlever les matériaux au plus vite. Les dalles du réfectoire et des églises, les belles pierres de Saint-Leu furent emportées, dispersées et ont servi à édifier des maisons à Jumiéges (1), à Rouen, rue Nationale, à la Bouille,

---

(1) La maison où est mort M. de Saulty et qui appartenait à Mme Dinaumare, est pavée avec les dalles du cloître.

à la Mailleraie, à Bourneville et dans d'autres localités voisines.

Dans cet immense désastre, les peintures murales, les sculptures, les bas-reliefs si finement fouillés, ces dentelles de pierre si délicatement ajourées, ces chefs-d'œuvre de l'art gothique, de la Renaissance, des temps modernes, qui enrichissaient ces nobles et grandioses basiliques, furent impitoyablement brisés, stupidement anéantis. Les voûtes s'écroulaient avec fracas sous d'immenses nuages de poussière. La mine, qui devait d'un seul coup mettre à bas la grande tour carrée, fit mal son effet, et l'on voit encore un gigantesque pan de muraille de la lanterne, seul, debout, dans l'air, dominant la nef, au-dessus d'une voûte de quatre-vingts pieds, soutenu par deux piliers contemporains de saint Philbert, c'est-à-dire inébranlables depuis douze siècles.

Enfin cette œuvre de destruction aveugle s'arrêta tout-à-fait : la qualité des pierres ne compensait pas les frais, l'exploitation ne promettait

plus de bénéfices. L'Abbaye subit alors de nou-
veaux outrages, un pillage d'une autre sorte, de
la part des voyageurs, des étrangers, des Anglais
surtout. Ceux-ci ne renversaient plus, ils fouil-
laient, au milieu des énormes tas de décombres,
de moëllons, à la recherche des statues, des clefs
de voûte que la pioche n'avait pas mutilées, ou
détachaient les bas-reliefs oubliés sur les murs
et se sauvaient avec ces richesses artistiques.
D'autres, dans l'impossibilité d'emporter des
groupes, des sujets entiers, se procuraient à
coups de marteau des fragments, des bras, des
têtes, etc., comme souvenirs de voyage. Un lord
agit avec plus de délicatesse et de goût : il
acheta des sculptures très remarquables représentant les attributs des Evangélistes, que leur
position (elles étaient scellées dans la muraille
de la lanterne dont nous parlions il y a un
instant) avait mises à l'abri des iconoclastes
modernes. Le cloître, qui passait pour un des
plus beaux du monde, fut aussi acheté par lui
en entier, et a été, dit-on, restauré avec le soin

le plus minutieux au milieu de son parc, dont il fait l'ornement.

Enfin, les *Ruines* de l'Abbaye de Jumiéges arrivèrent en 1824 dans les mains de M. Casimir Caumont, tuteur de M. L.-C. Caumont, son fils, et gendre de M. Lefort (1). Amateur très éclairé, il mit fin aux spoliations des voyageurs, recueillit religieusement tous les débris précieux, fragments de tombeaux, de rétables, de statues, les réunit sous des voûtes pour les soustraire aux injures du temps, a été, en un mot, le *conservateur* de ce monument; en même temps il donnait asile dans deux grands salons de sa demeure à tous les meubles du monastère, tels que bahuts, fauteuils, boiseries sculptées, dont la vente avait eu lieu au commencement de la Révolution, et qu'il eut le bonheur de retrouver épars dans le pays.

---

(1) M. J.-B. Lefort est mort le ‿ octobre 1824, et M⁻ Caumont (Sophie-Adèle Lefort), le 21 septembre 1820, un mois après avoir donné le jour à M. Louis-Casimir Caumont, qui lui-même est décédé aux Eaux-Bonnes, le 15 août 1842.

M. Lepel-Cointet, propriétaire actuel (1), a eu non seulement le bon goût de suivre les belles traditions de son devancier, mais encore il a considérablement augmenté sa riche collection, devenue un des musées particuliers les plus remarquables de la province, et a transformé l'enclos dont il a fait un parc très admiré. Jumiéges est aujourd'hui une des résidences de la Normandie qui ont le privilége d'offrir le plus d'attraits aux antiquaires, aux touristes, aux archéologues, aux peintres, aux poëtes.

---

(1) M. Nicolas-Casimir Caumont est mort à Jumiéges, le 18 avril 1852 : ses héritiers ont vendu l'Abbaye le 7 juillet 1854.

FIN.

Rouen. — Imp. de D. Brière et Fils.